Dr. Ekkehart Mittelberg · Sonette über Dichter und zum Thema Leben

Erschienen 2020, 1. Auflage
Verlagshaus Schlosser, 85551 Kirchheim

Text: Dr. Ekkehart Mittelberg
Coverbild: Michaela Knauf-Apel
Umschlag, Layout & Druck: Verlagshaus Schlosser
ISBN: 978-3-96200-413-2

Sonette

über Dichter und zum Thema Leben

Dr. Ekkehart Mittelberg

VORWORT

Diese Anthologie ist nach den Geburtsdaten der Dichter geordnet, zu deren Leben und Werk ich Sonette verfasst habe. Meine Leser werden sich fragen, warum meine Gedichte bei Ingeborg Bachmann enden. Ich kenne selbstverständlich auch modernere Autoren, aber nicht gut genug, dass ich mir zugetraut hätte, Sonette über sie zu schreiben.

Der Leser kann sich auch fragen, nach welchen Gesichtspunkten ich nicht-deutsch-sprachige Autoren in diese Sammlung aufgenommen habe. Darauf antworte ich wahrheitsgemäß, dass es kein Prinzip der Auswahl gibt. Ich habe einfach über die Dichter geschrieben, die mir etwas bedeuten. Dieses Büchlein ist also sehr subjektiv und erhebt trotz der chronologischen Gliederung der Sonette über Dichter keinen literaturgeschichtlichen Anspruch.

INHALTSVERZEICHNIS

SONETTE ÜBER DICHTER

ERLEBNISLYRIK IM BAROCK

Johann Christian Günther 1695-1723

Des Lebens Flüchtigkeit war dir bewusst,
Vergänglichkeit war der Epoche Zeichen,
du wolltest aber nicht dem Schicksal weichen
und suchtest in der echten Liebe Lust.

Du fandest sie in der Geliebten Treue,
und sie empfing den Ring mit Totenkopf*,
noch hieltet ihr die Liebe fest am Schopf,
als gäbe es kein Ende, keine Reue.

Erlebte Lyrik reichte nicht zum Leben,
du solltest dich dem Vater ganz ergeben,
vergeblich und du gabst die Liebe preis.

Du warst fürs Bürgerdasein nicht bestellt,
erfolglos deine Kämpfe um das Geld.
Noch heute trauert, wer dein Ende weiß.

* Anspielung auf eines der bekanntesten Gedichte Günthers: „Als er der Phillis einen Ring mit einem Totenkopf überreichte“. Phillis ist ein Pseudonym für die Pfarrerstochter Johanna Barbara Littmann.

WEN JUCKT NOCH WINCKELMANN?

Johann Joachim Winckelmann 1717-1768

„Edle Einfalt, stille Größe"
proklamierte Winckelmann.
Land der Griechen, ohne Blöße,
dies kam hierzulande an.

Brauner Einfall, laute Macht,
Hakenkreuze, finstre Nacht.
Hellas Größe war geknechtet,
Griechenland total entrechtet.

Heute Moloch, der nur schluckt,
mit dem Stinkefinger juckt,
keine Sicherheiten bietet,
Mitgefühl ist weg genietet.

Wenn Europas Märkte beben,
wird man wieder Scherben kleben,
weit entrückt ist Winckelmann,
Kapital nur, das kommt an.

„Edle Einfalt und stille Größe proklamierte J. J. Winckelmann in seiner Erstlingsschrift: ›Gedanken über die Nachahmung der griechischen Werke in der Malerei und Bildhauer-Kunst‹ (1755) als das Schönheitsevangelium der griechischen Kunst und regte damit eine lebhafte Diskussion an, wie gleich der Beginn von Lessings Laokoon zeigt. Die dort zitierte berühmte Stelle lautet im Neudruck des Schriftchens in den Deutschen Lit.-Denkm. Nr. 20, S. 24: ‚Das allgemeine vorzügliche Kennzeichen der Griechischen Meisterstücke ist endlich eine edle Einfalt, und eine stille Größe, so wohl in der Stellung als im Ausdruck. So wie die Tiefe des Meeres allezeit ruhig bleibt, die Oberfläche mag noch so wüten, eben so zeigt der Ausdruck in den Figuren der Griechen bei allen Leidenschaften eine große und gesetzte Seele.‘ Und als ergänzende Ausführung dazu S. 26 f.: ‚Die edle Einfalt und stille Größe der Griechischen Statuen ist zugleich das wahre Kennzeichen der Griechischen Schriften aus den besten Zeiten; der Schriften aus Sokrates Schule, und diese Eigenschaften sind es, welche die vorzügliche Größe eines Raphaels machen, zu welcher er durch die Nachahmung der Alten gelangt ist.‘“ (Quelle: http://www. textlog.de/schlagworte-edle-einfalt-stille.html)

GOETHE IN DIE MOTTENKISTE?

Johann Wolfgang von Goethe 1749-1832

Kein Schüler damals ihn vermisste,
als ein Lehrer ihn verkannte,
sodass ich in Zorn entbrannte,
er sollte in die Mottenkiste.

Es ritt mein Herz mit ihm zu Pferde,
und fieberte mit Werthers Leiden,
„Prometheus“, „Ganymed“, den beiden,
ich fühlte Himmel und auch Erde.

Goethe ist heute weit entrückt,
ob Schüler noch von ihm entzückt,
schert Deutschlands Bildungsplaner nicht.

Sie drücken ihnen „Faust“ aufs Auge,
als ob dies ohne Liebe tauge,
man sollte wählen, was entspricht.

1954 – ich war 16 Jahre alt – entdeckte ich Goethe im Bücherschrank meiner Eltern und las ihn begeistert. Damals unterrichtete uns ein junger Deutschlehrer, der unter dem Eindruck des Zweiten Weltkriegs Goethe wohl als museal und verteufelt human empfand und meinte, dass er in die Mottenkiste gehöre. Ich hatte Goethes Lyrik des Sturm und Drang, den Werther und „Wilhelm Meisters Lehrjahre“ gelesen und verteidigte Goethe, den ich sehr schätzte. Bald änderte sich die Bildungspolitik und die Klassiker hatten wieder ihren festen Platz im Bildungskanon. Daran hat sich bis heute wenig geändert. Aber ich halte nichts davon, Goethe um jeden Preis zu lesen, wenn die Schüler kein Verhältnis zu ihm finden.

SEIN VERMÄCHTNIS

Friedrich Schiller 1759-1805

Verehrter Friedrich, Philosoph und Dichter
von Dramen, die immer bühnenwirksam bleiben
und bildgewaltig Weltgeschichte schreiben
mit Kunstverstand, ein sehr genauer Richter,

erregtest Furcht und Mitleid mit Balladen,
die Bürgschaft und die Kraniche des Ibykus,
bekannt noch heute durch der Metren Fluss,
durch Parodien, Scherze und Tiraden.

Erzähltest über Geister und Verbrechen,
erhaben über Maskeraden, bloßes Stechen,
versiert in jedem Genre, keine Frage.

Was steht in idealvergessner Zeit?
Du bist uns nah, die Räuber sind nicht weit,
Anmut und Würde bleiben ohne Klage.

EIN FREUND DER NACHT

Novalis 1772-1801

Der Tod hat seinen Schrecken ganz verloren,
wir schweben jede Nacht auf seiner Grenze,
genießen immer neue Lebenslenze,
die du in „Hymnen an die Nacht“ beschworen.

Vermählt sind Wissenschaft und Poesie,
Romantik-Zauber ruht in „Ofterdingen“,
„Gemütserregungskunst“ verleiht ihm Schwingen,
vereinigt Mensch/Natur zur Harmonie.

Beim Studium hast du nichts ausgelassen,
dem Bergbau ganz besonders zugewandt,
das Salz des Lebens schürfend zu erfassen.

Der Liebe irdisch Glück blieb dir verwehrt,
die junge Sophie musste dich verlassen,
du folgtest ihr sehr früh und hoch geehrt.

DIE NACHTSEITE DER ROMANTIK

E. T. A. Hoffmann 1776-1822

Du warst ein genialer Tausendsassa,
Romantik-Nacht belebt die Fantasie
mit Dichtung, Bildern, Tönen wie noch nie.
Du machtest dennoch niemals richtig Kassa.

Beim Trunk in Weinlokalen ganz allein
entfesselst du Dämonen aus den Wänden,
und die Visionen wollen gar nicht enden
sich spiegelnd in der Gläser Widerschein.

Beim Morgenlichte hast du sie bezwungen,
hast den Philistern Ärger stets gemacht,
Novellen sind bis Petersburg gedrungen,

Satiren schriebst du, von Berlin belacht,
Erzählungen, von Offenbach besungen:
Du hast Bewusstsein für die Nacht gebracht.

EIN VERKANNTER

Heinrich von Kleist 1777-1811

Wer konnte leicht die Satzgewölbe bauen,
dass ihre Pfeiler bis zum Ende trugen,
wie dieser Meister großer Syntaxfugen,
um in die Seelengründe tief zu schauen.

Sein „Adam“ brachte Weimar nicht zum Lachen,
und auch den Dramen war Erfolg verwehrt.
So blieb er ruhmbegierig ungeehrt,
allein das „Käthchen“ konnte Lob entfachen.

Beruflich sollte wenig ihm gelingen,
und Deutschlands Bühnen blieben ihm verschlossen,
er suchte zwar, im Goethe-Chor zu singen.

Wie inszeniert hat er sich jäh erschossen,
der Ruhm trug ihn, post mortem, auf den Schwingen,
sein Name bleibt auf Dauer eingegossen.

ROMANTISCHE IRONIE

Heinrich Heine 1797-1856

Wer konnte so wie du mit Worten spielen,
gefühlvoll, trotz Romantik-Ironie,
du warst in jedem Genre ein Genie,
das ließ die Neider bald vor Missgunst schielen.

Es war kein Kunststück, dich zu kritisieren
als Revoluzzer und Monarchenfeind,
der Jude wolle, was die Deutschen eint,
das christlich Nationale diffamieren.

So musstest du nach Frankreich emigrieren,
um endlich frei die Feder dort zu führen,
doch träumtest du vom deutschen Vaterland.

Die letzte Prüfung hieß „Matratzengruft"
in dieser todgeweihten engen Luft,
wo „Romanzero" seine Muse fand.

NUR WENIGE KÖNNEN DIR DAS WASSER REICHEN

Annette von Droste-Hülshoff 1797-1848

Die Literaturkritik hat dich erhoben,
die größte deutsche Dichterin zu sein,
ein Kompliment nicht mehr für dich allein,
jedoch die Anerkennung bleibt, das Loben.

„Die Judenbuche" ist dir meisterhaft gelungen,
Verbrechen und Milieu sind fein geschildert,
das Geheimnisvolle anschaulich bebildert,
mit Schein und Wahrheit hast du hier gerungen.

Deine Lyrik ist ein Seelenspiegel
von Glaubenskrisen, Schicksal, der Natur,
und später Liebe tief empfundener Zäsur.

Du löstest endlich frei die Standesriegel,
dein Liebesschmerz bleibt in Erinnerung.
Im Gedenken deiner Freunde scheinst du immer jung.

ENDLICH VON ERDRÜCKENDEN SCHULDEN BEFREIT

Honoré de Balzac 1799-1850

Du hast die Kindheit freudelos durchlitten,
verschuldet arm das Leben zugebracht,
vergeblich depressiv Erfolg gedacht
und arbeitswütig dir den Schlaf beschnitten.

Obwohl du produktiv warst ohne Ende
und die Romane schließlich Absatz fanden,
Schulden maßlos dir zum Halse standen,
für Eleganz und Luxus kauftest du behände.

Du kanntest die Gesellschaft und die Frauen,
sie halfen dir, du konntest auf sie bauen,
die schöne Gräfin, Ende aller Sorgen,

„Comédie Humaine", du warst am Schluss geborgen,
ein Sittenbild als Spiegel deiner Zeit,
die Ehrenlegion war nun bereit.

EIN ENTBEHRUNGSREICHER WEG

Gottfried Keller 1819-1890

Man warf dich ungerecht in jungen Jahren
mit Schulverweis aus bürgerlichen Träumen,
doch wolltest du die Zukunft nicht versäumen,
beim Studium in Deutschland Glück erfahren.

Du gingst zum Ziel auf mühevollen Stufen,
„Der grüne Heinrich“ spiegelte die Not,
Novellen reichten nicht fürs täglich Brot,
die Mutter hat dich dann zurückgerufen.

Du fandest in der Heimat festen Boden
und ein Gehalt als Schreiber deiner Stadt,
Jetzt machten „Leute von Seldwyla“ satt.

„Auf Kleider machen Leute“ sang man Oden,
dein Lebensende war sehr wohl bestellt,
du trankst vom „goldnen Überfluss der Welt“.

EIN WEITES FELD

Theodor Fontane 1819-1898

Das Leben ist ein weites Feld,
auf dem sich manche echauffieren
und ehrenhalber duellieren,
den meisten geht es nur ums Geld.

Du wolltest Freiheit für die Welt
und nicht als Zeitungsschreiber kriechen,
gar Pillen drehen für die Siechen,
du warst für Poesie bestellt.

Du hast am Schluss gesprengt die Ketten,
im kleinen bürgerlichen Preußen
gestaltet Effi und Innstetten,

Stechlin zuletzt, du bist ja weise:
Wir mögen, auch die Suffragetten,
die Ironie, ganz fein und leise.

EIN TITAN

Fjodor Dostojewski 1821-1881

Aus Sucht und Leiden ist dein Werk entsprungen.
Sibirien konnte deine Kraft nicht rauben,
gestützt auf deinen unbeirrten Glauben,
ist „Schuld und Sühne“ grandios gelungen.

Ein Panorama großer Charaktere
und Weltensichten in der Zarenzeit,
die Revolution ist nicht mehr weit.
Vorausgesehen hast du ihre Leere.

„Der Idiot“, „Die Brüder Karamasov“,
„Dämonen“, „Spieler“ hast du hinterlassen,
als Seelenspiegel von besondrem Stoff,

die Innenwelt mit ihnen zu erfassen.
Wer kann vergessen den Raskolnikoff?
Dein Dichter-Nachruhm, nie wird er verblassen.

DEN MENSCHEN DIENEN

Lew Tolstoi 1828-1910

Gerechtigkeit war dir das höchste Ziel.
Du wolltest freie Menschen um dich haben,
zu schwer der Weg, Leibeig'ne zu begaben:
Die Widerstände wurden diffizil.

In Spiel und Müßiggang beinah verloren,
bist du mit „Krieg und Frieden" auferstanden.
Geschundene dort Trost und Glauben fanden,
wie Gleichberechtigte durch dich geboren.

Hast Bildung in das letzte Dorf getragen*,
mit Nächstenliebe und Gewaltverzicht
geteilt das Leid der Bauern – ohne Klagen.

Verhindert hat es Kirchenbannstrahl nicht.
Doch du verschenktest, ohne zu verzagen,
dein Werk der Welt, gabst „Auferstehung" Licht.

* Tolstoi war mit seinen Lesebüchern auch ein sehr erfolgreicher Pädagoge. Sein 1872 erstmals erschienenes Schulbuch für die Grundschule „Alphabet" hatte eine Auflage von 1,5 Millionen Exemplaren und beeinflusste die Reformbewegungen in Freien Schulen.

THE IMPORTANCE OF BEING EARNEST*

Oscar Wilde 1854-1900

Der Hochmut tänzelt leicht durch deine Werke,
du Dandy, geistreich und auf Ruhm versessen.
Umwittert von Skandalen, unvergessen;
zu provozieren, das war deine Stärke.

Das Bildnis Gray's war Spiegel deiner Sünden,
die upper class vergab dem Spötter nicht,
ein Lord im Zorne zog dich vor Gericht,**
um Sodom und Gomorrha zu ergründen.

Dein Künstler-Leben war ihm einerlei,
verzweifelt „de profundis"*** klingt dein Flehen,
Komödien, Maskenspiele längst vorbei.

Vom Vatikan spät rehabilitiert:
Wer reuig umkehrt, wird vor Gott bestehen.
Verengt, wer über Gnade räsonniert?!****

* Diese Komödie kritisiert die englische Oberschicht, ohne sie grundsätzlich in Frage zu stellen. Sie gilt allgemein als die beste von Oscar Wilde (1854-1900).

** Vers 7 Oscar Wilde hatte ein homosexuelles Verhältnis mit Lord Alfred Douglas. Dessen Vater, der Marquess von Queensberry, gab den Anstoß, dass Wilde 1895 zu zwei Jahren Zuchthaus mit schwerer Zwangsarbeit verurteilt wurde.

*** Vers 10 Ein Brief von 50 000 Wörtern, den Oscar Wilde im Zuchthaus an Alfred Douglas schrieb.

**** Vers 12 „Anfang 2007 nahm der Vatikan in einer Anthologie Provokationen: Aphorismen für ein anti-konformistisches Christentum Oscar Wilde in die Ehrenliste von Autoren auf." (Wikipedia: Oscar Wilde und Welt Online, 10. Juni 2012. Die katholische Kirche rehabilitiert Oscar Wilde).

ES WIRD STILL UM EINEN GROSSEN

Gerhart Hauptmann 1862-1946

„Die Weber“ brachten Elend auf die Bühnen,
Tabubruch mit der Kunst als schönem Schein,
du wolltest Dichter aller Menschen sein,
der Kaiser kündigte voll Zorn dem Kühnen.

„Vor Sonnenaufgang“ war ein Skandalon,
geschockte Bürger, schonungslose Kunst,
„Die Ratten“, hässlicher Proletendunst,
„Der Biberpelz“, vergessen der Salon.

Man überhäufte dich mit höchsten Ehren,
warum nicht Bürgerschreck und Liebling sein?
Drum lenktest du mit deinen Werken ein.

Dein Ruhm verblasste, konnte der Kritik nicht wehren,
am Ende dientest du der Tradition,
doch kannte man Romantik und Antike schon.

DER ZAUBERER*

Thomas Mann 1862-1955

Als Schüler drehtest du drei Ehrenrunden,
doch Vaters Erbe hat dich frei gemacht,
die „Buddenbrooks" dir den Erfolg gebracht,
in Katia eine starke Frau gefunden.

Du hast zum Ersten Weltkrieg dich bekannt
und glaubtest an den deutschen Sonderweg,
autoritär gefährlich war der Steg,
bis du als Demokrat dich umgewandt.

Du geißelst Nazis mit der BBC,
den Teufelspakt zeigst du in „Dr. Faustus",
nur Wohnen im Vaterland ist Utopie.

In Deutschland aber bleibst du unvergessen,
„Der Zauberberg", von „Felix Krull" ein Gruß,
du kannst mit allen Großen wohl dich messen.

* Zur Wahl des Titels: „Über ihnen allen (seinen Gestalten, E.M.) aber sitzt er selber, der die Fäden führt, erleuchtet vom Wort und geadelt von seinen Zauberkräften, Thomas Mann, der Magier phantastischer Nüchternheit, der angesichts des eigenen Spiels schaudernde, aber durch Ironie distanzierte Oberzauberer: Teilhaber und Bruder zugleich aller seiner Gestalten." (Quelle: Der Spiegel, 22.12.1954)

WAR DER NOBELPREIS ZU HOCH GEGRIFFEN?

Hermann Hesse 1877-1962

Mit „Siddharta“ und „Demian“ auf neuen Pfaden,
„Der Steppenwolf“ ein Gegenbild zum Bürgertum,
Exotische Themen brachten Ruhm,
du hast Jugend zu Abenteuern eingeladen.

Dein Himmel hängt noch immer voller Geigen.
„Narziss und Goldmund“ war dem Kitsch geweiht.
Abgeschmackte Reime in der Lyrik aufgereiht.
Literaturkritik darf heute nicht mehr schweigen.

War der Nobelpreis für dein Werk zu hoch gezogen?
Für Gottfried Benn und Deschner warst du Mittelmaß.
Doch Thomas Mann war deiner Kunst gewogen.

Weltweite Fangemeinde lässt sich Hesse
nicht verderben.
Unbeirrbar ist die Mehrheit, die dich las,
„Das Glasperlenspiel“ überstrahlt die
kritischen Scherben.

Anmerkung: Fragen Sie Reich-Ranicki : Hesse – ein Wegbereiter der Literatur? (https://www.faz.net/aktuell/feuilleton/buecher/fragen-sie-reich-ranicki/fragen-sie-reich-ranicki-hesse-ein-wegbereiter-der-literatur-1358916.html

STEFAN ZWEIGS ERINNERUNGEN

Stefan Zweig 1881-1942

Die Welt von Gestern*, nie wird sie verschwinden,
und Rilkes Klänge werden nicht verwehen,
dein Kunstsinn wird Epochen überstehen,
dem Erzähler wird man Kränze winden.

Du hast den Wandel von der Monarchie
zum Dritten Reich in Lebensqual geschildert
und die Verrohung eindrücklich bebildert,
den Untergang der großen Sprachmagie.

Europas Humanismus brach in Scherben,
zertrümmert wurde deine Vision.
Du sahst, wie Bücher brannten, nicht das Sterben.

Dein Werk jedoch spricht der Vernichtung Hohn,
wir lesen höchste Sprachkunst, deine Erben,
es grünt des Lorbeers Zweig, dein schönster Lohn.

„In dem teilweise autobiografischen Werk *Die Welt von Gestern. Erinnerungen eines Europäers* beschreibt Stefan Zweig seine Lebensgeschichte als Geschichte seiner Generation in einer humanistisch geprägten bürgerlichen

Welt der Kunst, die durch zwei Weltkriege, insbesondere durch die kulturelle Barbarei des Nationalsozialismus, zerstört wurde. Für den literarisch Interessierten sind die lebendig geschilderten Begegnungen Zweigs mit den größten Dichtern seiner Zeit, zum Beispiel mit Rainer Maria Rilke, Hugo von Hofmannsthal, Romaine Rolland, Émile Verhaeren, Arthur Schnitzler, James Joyce und Maxim Gorki besonders reizvoll. Das Buch entstand kurz vor Zweigs Tod in den letzten Jahren (von 1939 bis 1941) seines Exils und erschien posthum 1942 im Bermann-Fischer Verlag AB in Stockholm." (Wikipedia)

FRANZ KAFKAS UNERGRÜNDLICHKEIT

Franz Kafka 1883-1924

Ein ewiges Geheimnis – wir sind blind -
lockt faszinierend wie auch abgrundtief.
Verloren ist, wen dieses einmal rief,
verwirrt, verirrt in einem Labyrinth,

das niemals ausgeleuchtet werden kann,
von numinoser Rätselhaftigkeit.
Den Wahrheitssuchern ist kein Weg zu weit,
doch kommen sie wohl nie ans Ziel heran.

Die Eingangssätze scheinen leicht zu sein,
der Deuter rechnet nicht mit Widerstand,
doch bohrend kehren erste Zweifel ein:

Verworfen wird, was er für klar befand.
Bei dieser Sinnessuche gilt allein:
Die Chiffren halten jeder Deutung stand.

NIEMALS AUFGEGEBEN

Hans Fallada 1893-1947

Dein Pseudonym entstammt der Märchenwelt,
verbindet Hans im Glück und Gänsemagd,
zum Sterben hast du ein Duell gewagt,
warst wegen Totschlags vor Gericht gestellt.

Dem Alkohol und Morphium verfallen,
in Haft und Klinik wechselvoll dein Leben,
doch kampflos hast du niemals dich ergeben,
man muss als kleiner Mann den Gürtel schnallen.

Du hast den Nazis Schnippchen oft geschlagen,
dem Blechnapf konnten sie sich nicht versagen.
Selbst Goebbels hat fürs Wolfsbuch sich verwandt.

Der Kämpfer hat die Sucht niemals bezwungen,
Beachtung ist ihm weithin doch gelungen.
Man stirbt für sich allein ist weltbekannt.

DER MORBIDE CHARME DER K.U.K.-MONARCHIE

Joseph Roth 1894-1939

Du bist der Dichter dieser Monarchie,
unvergessen wie der Held von Solferino,
du schufst als Literat ein großes Kino,
„Radetzkymarsch“, die bittersüße Melodie.

Die Leiden deines „Hiob“ scheinen nie zu enden,
Mendels Glauben hängt am letzten Faden,
Verdammnis oder wird der Herr ihm gnaden?
Jehova kann sein schlimmes Schicksal wenden.

Du warst begehrt bei attraktiven Frauen,
sie liebten deine tiefe Traurigkeit,
doch deine Eifersucht zerstörte das Vertrauen.

Viele gaben sich bei deinem Tod die Ehre,
Monarchie und Kommunisten zeigten Leid,
am Grab entbrannte Literaten-Streit.

EIN HERZ MIT WITZ

Erich Kästner 1899-1974

Aus kleiner Herkunft schien bestimmt dein Los,
wer rechnete mit Super-Abitur?
Gedichte, Publizistik mit Bravour,
die Kinderbücher bleiben zeitlos groß.

Voll Hass verbrannten Nazis deine Werke.
Gleichwohl verließest du die Heimat nicht.
Entgingst mit Camouflage dem Gericht.
Sie duldeten verbissen deine Stärke.

Gerettet in die Adenauer-Zeit,
als Pazifist zu kämpfen stets bereit,
du sprachst als Moralist auf Ostermärschen.

Ein Leben lang bliebst du in Kinderherzen,
beliebtest gern mit Jung und Alt zu scherzen.
Vergeblich Licht, das Dunkel zu beherrschen.

EIN LEBEN ALS TRANSIT

Anna Seghers 1900-1983

In Berlin warst du hoch angesehen,
dort brachten „Fischer“ dir den Kleist-Preis ein,
verfolgt von Nazis standst du bald allein,
in Deutschland konntest du nicht mehr bestehen.

Es folgte eine lange Odyssee,
die von Marseille nach Mexiko dich führte,
Erfahrung im „Transit“ verschnürte,
sie schuf fürs „Siebte Kreuz“ die Leitidee.

Fast grenzenlose Ehren in der DDR,
vorher der Büchner-Preis, es ging nicht mehr.
Dann Jankas Schauprozess, dein großes Schweigen.

Ein Ausfall, doch wer will sich nicht verneigen?
Du zeigtest uns ein Leben voller Würde
und trugst bewundernswert die schwere Bürde.

ERWACHSEN WERDEN

Jean Paul Sartre 1905-1980

Ich brachte als Junge „Die ehrbare Dirne“ ins Haus,
„Der Ekel“, Ende häuslicher Idylle,
vorbei Behaglichkeit der Bürgerstille,
jedoch ich lernte jetzt „Das Spiel ist aus“.

Der freie Mensch ist auf sich selbst gestellt,
gestaltet ohne Religion sein Leben,
er wird im Sein mit schmutzgen Händen streben,
allein verantwortlich für diese Welt.

Du inspiriertest in Paris die Linke,
für Proteste gabst du weltweit Winke,
dein Treffen mit Herrn Baader, ein Fanal,

doch auch für Kommunisten ein Skandal.
Nicht eine Eskapade war zu arg,
fünfzigtausend folgten deinem Sarg.

BEZAUBERNDE MELANCHOLIE

Mascha Kaléko 1907-1975

Im Scheunenviertel wurdest du geboren,
dem Mädchen war Büro nur zugedacht,
doch zeigtest du der Lyrik große Macht,
Berliner Kunstwelt hatte dich erkoren.

Die „Stenogramme“ melancholisch heiter
kursierten im romanischen Café,
nichts nützten Nazis Grimm und Hassdafé.
Gedanke, flieg, und du mit ihm kamst weiter.

Das deutsche Publikum hielt dir die Treue,
las Maschas Stenogramme gern aufs Neue,
in deiner Wehmut fand sich mancher wieder.

Die Heimat deiner Muse blieb Berlin,
und immer wieder zog es dich dort hin,
die Großstadt liebte dich und deine Lieder.

DER KAMPF GEGEN DAS ABSURDE

Albert Camus 1913-1960

Absurdität an jeder Straßenecke
verschont auch dich nicht, liegt dort auf der Lauer,
kein Unterschied, ob König oder Bauer,
bringt sie jeden irgendwann zur Strecke.

Doch du gabst uns den Trost, wie Sisyphus
der sinnentleerten Welt zu widerstehen,
mit Stolz dem Schicksal ins Gesicht zu sehen,
entwaffnest das Absurde wie ein Kuss.

„Die Pest“ und „Der Fremde“, diese Werke fragen
nach Existenz trotz Tragik ohne Klagen
und lassen Menschen Schicksal überwinden.

Allein mit Trotz ist dieser Kampf verloren,
der Mensch wird für den Menschen nur geboren,
mit Wärme menschlich sich vereint zu finden.

MIT HALTUNG GEGEN DEN STRICH GEDACHT

Arthur Miller 1915-2005

American way of life in Frage gestellt,
mit „Death of Salesman“ ist es dir gelungen.
Als mit dem Pulitzer-Preis dein Ruhm erklungen,
war konsterniert erfolgsverwöhnte Welt.

Du wurdest Opfer deiner „Hexenjagd“,
McCarthy‘s Jäger saßen zu Gericht,
doch du verrietest Kommunisten nicht,
vergeblich haben sie dich angeklagt.

Im Blitzlicht standen nicht nur deine Werke,
die Monroe trennte sich trotz deiner Stärke,
der Bund von Geist und Schönheit lag in Scherben.

Jedoch dem Atheismus bliebst du treu,
im Kampfe gegen Mächtige nie scheu
erleuchtet kluge Haltung deine Erben.

DEUTSCHSPRACHIGE WELTLITERATUR

Paul Celan 1920-1970

Besserwisser haben dich verkannt,
als Gruppe siebenundvierzig hoch geschätzt.
Sie haben nichts verstanden und geätzt,
den fremden Dichter haben sie verbannt.

Kaum einer, der sich heute nicht verneigt,
die „Todesfuge“ hat sich eingebrannt,
„Corona“ wird bekränzt in jedem Land,
„Mohn und Gedächtnis“ hat den Weg gezeigt.

Die Muse der Gedichte war die Bachmann,
in „Herzzeit“ sind Impulse schön gegeben,
als Traumpaar konntet ihr euch kurz erleben.

In aller Welt kommt deine Lyrik an,
Nach Auschwitz sollte Lyrik unterbleiben.
Celan sei Dank. Man kann darüber schreiben.

UMWORBEN IN DER GRUPPE 47

Ilse Aichinger 1921-2018

Am Anfang steht der Aufruf zu misstrauen,
sogar der eigenen Wahrhaftigkeit.
„Die größere Hoffnung“ hat dich nicht befreit,
der „Spiegelgeschichte“ schenkte man Vertrauen.

Von den Siebenundvierzig preisgekrönt,
du konntest dich auf Günter Eich verlassen,
jedoch niemals sichere Sprache fassen,
mit allen Ehren hat man dich verwöhnt.

Die Jugend unterm Holocaust zerronnen,
dieses Thema hat mit dir begonnen
in Austria nach der Deportation.

Nie warst du konformistisch, suchtest Glück,
du nahmst dich öffentlich fast ganz zurück,
doch wachsende Beachtung war der Lohn.

VON TRAGIK UMWEHT

Ingeborg Bachmann 1926-1973

Du schriebst in jungen Jahren schon Gedichte
und brachtest es als Literatin weit,
gestundet war in großem Wurf die Zeit,
im SPIEGEL las man die Erfolgsgeschichte.

Du fingst mit Strahlkraft große Dichter ein,
Celan und Frisch erlagen dem Genie,
doch Glück war nicht beschieden dem Esprit,
mit großen Preisen warst du krank allein.

Du konntest Lyrik, Hörspiel und Erzählung,
für Romane fehlte nicht der Schwung,
allein das Schicksal wollte nur „Malina".

Im Brand der Leidenschaften stets gefangen,
„Undine geht", auch du bist früh gegangen,
doch umso stärker ist der Nachruhm da.

SONETTE ZUM THEMA LEBEN

AUF EINE ALTE EICHE

Ins Licht streckst du die windgegerbten Äste,
der Kälte trotzt du und dem scharfen Blitze,
hältst stand den Regenschauern und der Hitze,
Jahrhundertüberwinder als die beste.

Gespalten ist dein Stamm, zerfetzt die Krone,
geduldig fressen Käfer deine Kräfte,
doch noch sind nicht versiegt die Lebenssäfte,
Stehst kernig allen Feinden wie zum Hohne.

Bin ich schon längst zerfallen und vergangen
und werd in meinen Kindern weiter leben,
wird frisches Grün an deinen Ästen prangen.

Doch auch auf dich wird stets Vergehen lauern,
wie sehr auch Dichter dich unsterblich weben,
ein neuer Schössling wird dich überdauern.

MORGENLICHT AUF DEINEN WANGEN

Umfangend hält mich Morpheus fest im Schlummer
Und schickt mir einen süßen Jugendtraum,
im Ballkleid schwebst du zierlich durch den Raum,
es strahlen Anmut, Freude, fort der Kummer.

Wir tanzen zeitentrückt im Kerzenschimmer,
Sind unbelastet uns nur zugewandt,
umschlungen von dem zarten Liebesband,
das Glück erscheint uns makellos für immer.

Der Vöglein Sang weckt mich aus der Romanze.
Erschrocken denk ich, jedes Glück versiegt.
Das Ende, Schatz, gilt selbst dem schönsten Tanze.

Doch lieblich wirkt dein Zauber, unvergänglich.
Wenn Morgenglanz auf deinen Wangen liegt,
sind zuversichtlich wir und niemals bänglich.

AUS DEN WOLKEN GEFALLEN

Lass dich von den Wolken tragen,
schwebe schwerelos dahin,
federgleich sollst du es wagen,
leichte Anmut nur im Sinn.

Horizonte zu ermessen,
lege dich nur auf den Wind.
Du sollst die Gefahr vergessen,
voll Vertrauen wie ein Kind.

Denkst du aber erdenschwer,
werden Wolkenflügel sinken,
unten gähnt die Tiefe leer.

Doch du wirst bald wieder fliegen,
willst aus andren Himmeln trinken
und mit neuer Hoffnung siegen.

FATA MORGANA

Am Horizont erscheint ein schönes Bild.
Du siehst Erfüllung deiner kühnsten Träume.
Sie sind verwirklicht, keine eitlen Schäume.
So nah ist, was das lange Sehnen stillt.

Der Wagen rollt, bald kannst du es erfassen.
Ein Leben lang hast du es ausgemalt,
die Mühen haben sich jetzt ausgezahlt,
der Zweifel am Gelingen wird verblassen.

Unfassbar! Plötzlich ist das Bild verschwunden -
wie öd die Wüste dir vor Augen steht!
Du hast den Bildverlust noch nicht verwunden,

doch Glaube an Oasen lebt wie immer;
den hat der Wüstenwind dir nicht verweht.
Es leuchtet unzerstört der Hoffnung Schimmer.

MATHEMATIK UND POESIE

Die Poesie lässt manche Fragen schweben
und schenkt der Fantasie des Lesers Schwingen,
sie will ihn nicht zu einer Lösung zwingen,
ist offen, vielgestaltig wie das Leben.

Versuche mathematisch feste Wege,
die von der Logik vorgezeichnet sind:
Gefühlsverhaftet bist und bleibst du blind,
du findest niemals ihre schmalen Stege.

Verbunden wären sie ein feines Paar,
das zeugt' von wundervoller Lebensfülle,
die ganzes Menschsein zur Entfaltung bringt.

Die eine bis zur Lösung rein und klar,
geheimnisvoll ist stets der andern Hülle,
von beider Schönheit selten Dichtung singt.

SOMMERSELIGKEIT

Noch zeigt der Sommer seine ganze Pracht,
das Licht am Abend will nur langsam weichen,
im blauen Himmel Segler schwebend streichen,
getragen von den Sommerwinden sacht.

Noch spielen Mücken munter in der Luft,
und Amseln schmettern kraftvoll ihre Weise,
die Schwalben fliegen leicht und zwitschern leise,
betörend schwebt im Garten Lilienduft.

Jetzt tauchst du ein in die Erfüllungsstunden
und trinkst mit allen Sinnen Sommerwein,
fühlst dich dem Rausche der Natur verbunden.

Wer weiß, wenn bald die ersten Blätter fallen,
vielleicht bist du dann erstmals ganz allein,
doch heute lasst uns sommerselig sein.

Motiviert durch Gottfried Benn („Einsamer nie als im August"), der mir ein unerreichbares Vorbild ist.

SCHWERELOS

Die Teiche lächeln sanft gekräuselt,
ein Zephir streift leicht drüber hin,
Libellen sirren, zart umsäuselt.
Ein Träumchen zieht durch meinen Sinn.

Von ferne wehen Töne nieder
von Liebe, Lust und Herzeleid.
Erinnerungen kommen wieder,
doch heute sind sie schmerzlos weit.

Ein Falke zieht am Himmel Kreise,
ich schwebe schwerelos im Blau,
einschläfernd summen Bienen leise.

Der Sommer ruft mich auf zur Schau,
doch willenlos lass ich mich sinken,
in seinem Zauber zu ertrinken.

MASKEN

Du setzt neue Masken auf,
andre Rollen zu erproben,
fühlst dem Zwange dich enthoben,
änderst starren Lebenslauf.

Heute bist du Don Juan,
morgen ein verlassnes Kind,
schnell im Wechsel wie der Wind,
handelst du im Maskenbann.

Bringst die Bindung hinter dich,
kreativ im Maskentanz,
wieder winkt ein neues Ich.

Bald erkennst du dich nicht mehr,
austauschbar im Mummenschanz,
anonym im Maskenheer.

SELBSTIRONIE

Mit dir gemeinsam will ich lachen
und einmal aus der Reihe tanzen,
zu sehen, was mokante Schranzen
als provozierte Spötter machen.

Wir könnten Konventionen brechen,
um Kritikaster vorzuführen,
der Eitelkeiten Flamme schüren
und lustvoll in die Blasen stechen.

Doch warum sich an andern reiben?
Im Spiegel sehn wir unverstellt,
dass unsre eignen Mängel bleiben

und treiben unsre Ironie:
Verdrängte Schwächen aufgehellt,
ein Grund zum Lachen fehlt uns nie.

FRÖHLICHE HERBSTGEDANKEN

Wenn die ersten Blätter leise fallen,
denken viele an Vergänglichkeit,
Kranichschreie, und es rennt die Zeit,
deren Schritte unaufhörlich hallen.

Ich lass dennoch meinen Drachen steigen,
laufe munter durch den bunten Wald,
grau die Haare, doch das Herz nicht alt.
Immer weiter geht des Lebens Reigen.

In der Schale liegen frische Früchte,
auf gedecktem Tisch steht junger Wein,
Sterben und Vergehen sind nur Schein,

ewger Tod, Verdammnis nur Gerüchte,
glaub nicht Ammenmärchen, Höllenpein!
Asche wird einst eine Rose sein.

DER AUTOR

Dr. Ekkehart Mittelberg, geboren am 4. Juli 1938 in Hamm (Westf.), wurde am 6. Juli 1966 an der Philipps-Universität Marburg mit einer Arbeit über „Wortschatz und Syntax der Bild-Zeitung“ promoviert.
Er ist Herausgeber der Reihe „Klassische Schullektüre“ sowie Autor einiger Titel in dieser Reihe beim Cornelsen-Verlag in Berlin und hat im Cornelsen-Verlag Lernmaterialien über Franz Kafka „Der Prozess“, über Patrick Süskind „Das Parfum“ und über Bernhard Schlink „Der Vorleser“ publiziert.
Zu weiteren zahlreichen Veröffentlichungen von Ekkehart Mittelberg, zum Beispiel über Sprache und Funktion von Zeitungen, über „Methoden- und Rezeptionswandel in der Literaturwissenschaft am Beispiel der Sesenheimer Lyrik Goethes“, über „Zugänge zur Lyrik“ und über „Politische Lyrik aus zwei Jahrhunderten“, über „Kritische Stichwörter zur Gesamtschule“ (zusammen mit Christoph Edelhoff), über „Texte zur Trivialliteratur“ (zusammen mit Klaus Peter und Dieter Seiffert) sowie zu seinen „Neuen Aphorismen“ finden sich genaue bibliographische Angaben auf seiner Hompage http://www.ekkehart-mittelberg.de sowie unter Ekkehart Mittelberg bei Wikipedia und im Katalog der Deutschen Nationalbibliothek http://portal.d-nb.de.
Zwei Gedichtsammlungen des Autors sind bereits im Verlagshaus Schlosser erschienen: „Tag und Jahr – Gedichte“, 2010 und „Flug der Kraniche“, 2012.